# THE LONG TAIL THEORY VOOR HET BEDRIJFSLEVEN

Uw niche vinden en uw bedrijf beschermen tegen de toekomst

50MINUTES.com

# THE LONG TAIL THEORY VOOR HET BEDRIJFSLEVEN

Uw niche vinden en uw bedrijf beschermen tegen de toekomst

geschreven door Ariane de Saeger
vertaald door Nikki Claes

# THE LONG TAIL THEORY VOOR HET BEDRIJFSLEVEN

## BELANGRIJKE INFORMATIE

- **Naam:** *the long tail theory*

- **Gebruik:** dit begrip verwijst naar alle door een onderneming aangeboden producten die slechts enkele eenheden verkopen, maar waarvan de som van de verkoop de omzet van de best verkopende producten kan overtreffen. Dit is hetzelfde als zeggen dat de populairste en best verkopende artikelen slechts tot een minderheid van de omzet bijdragen, waarbij het massa-effect sterk in het voordeel van de meer gemarginaliseerde producten speelt.

- **Waarom is deze theorie effectief?** met een dergelijke strategie kan een onderneming profiteren van een constante verkoop van haar gehele productportefeuille.

- **Trefwoorden:**

  - <u>Bestseller</u>: een topproduct, vaak met een hoog reclamebudget, dat een recordopbrengst oplevert.

  - <u>E-commerce</u>: online handel (via internet).

  - <u>Opportuniteitskosten</u>: indicatie van het verlies als gevolg van het meer investeren van middelen in de ene functie dan in een andere.

- Winst: financieel gewin uit een handeling. Een verkoop is bijvoorbeeld een actie die winst of verlies kan opleveren.

- Winstgevend: iets dat een beloning of een bepaalde hoeveelheid winst oplevert.

- Statistiek: een reeks gegevens met betrekking tot een groep individuen of eenheden aan de hand waarvan trends kunnen worden waargenomen.

- Omzet: cumulatieve en geregistreerde waarde – gewoonlijk over een periode van één jaar – uit de verkoop van door een onderneming aangeboden goederen en diensten.

## INLEIDING

*The long tail theory* werd in 2004 geïntroduceerd door Chris Anderson (redacteur van *Wired* magazine, geboren in 1961) en vloeide voort uit een essay van Clay Shirky (een specialist in nieuwe informatie- en communicatietechnologie, geboren in 1964) waarin wordt gesteld dat sommige blogs een aanzienlijk aantal weblinks hebben die naar hen verwijzen, terwijl de meerderheid van de blogs slechts een zeer klein aantal links heeft die naar hen verwijzen.

Chris Anderson bouwt voort op dit denken om te proberen de huidige en toekomstige economische modellen (als onderdeel van de digitale economie) te verklaren. Hij beschrijft hoe, volgens hem, alle producten met een geringe vraag gezamenlijk een aanzienlijke omzet kunnen genereren.

Het is echter de opkomst en het toenemende gebruik van digitale technologieën die het economische model van de lange staart mogelijk maken: ondernemers die profiteren van zeer lage opslagkosten, soms nul of "virtueel", bij het op de markt brengen van digitale producten (e-books, films online, muziek, enz.), kunnen nu een brede catalogus online aanbieden, waardoor het aanbod wordt gediversifieerd en degenen die de voorkeur geven aan marginale activa tevreden zijn.

## DEFINITIE VAN HET MODEL

De theorie van de lange staart is een economisch en statistisch concept dat de verdeling van de omzet van een onderneming voor al haar producten illustreert, met inbegrip van de populairste producten – de "bestsellers" – en de meer specifieke en marginale producten. Het is dus een instrument voor de ontwikkeling van commerciële en marketingstrategieën.

Het model bestaat uit twee elementen:

- De "kop", gekenmerkt door een beperkt aantal populaire of veelgevraagde producten die elk een hoge verkoop genereren;

- De "staart", gekenmerkt door een groot aantal niche- of weinig gevraagde producten die elk een lage verkoop genereren.

# THEORIE

*The long tail theory* werd gepopulariseerd door Chris Anderson na zijn analyse van verschillende e-commercesites, zoals Amazon (met name voor boeken), Rhapsody (het online downloaden van muziek), eBay (tweedehands producten) en Netflix (filmstreaming). Deze scherpe analist stelde in de bestudeerde gevallen namelijk vast dat de verkoop van de populairste artikelen slechts een deel van de totale omzet vertegenwoordigde: de winstgevendheid van de verkoop hangt dus niet alleen af van de topartikelen. Om dit fenomeen aan te tonen, schreef hij zijn bestseller *The Long Tail*.

Vanaf het begin stelde het nieuwe concept veel bedrijfsstrategieën en economische modellen ter discussie, aangezien de auteur beweert dat het soms winstgevender is om niet alleen bestsellers te verkopen; een argument dat zeker door bewijsmateriaal wordt ondersteund.

## ONDERDELEN

### De lange staart: de "kop" en de "staart"

Zowel statistisch als strategisch wordt dit concept vaak voorgesteld als een grafiek met op de horizontale as (X) de verkochte producten en op de verticale as (Y) het aantal verkopen.

Het blauwe gedeelte – de "kop" – laat zien dat slechts enkele artikelen een recordverkoop genereren, terwijl het gele gedeelte – de "staart" – laat zien dat de meeste producten in zeer kleine hoeveelheden worden verkocht.

## De 80-20-regel en de lange staart

De 80-20-regel, ook bekend als het Paretoprincipe, die stelt dat 80% van de omzet wordt gegenereerd door de verkoop van 20% van de producten, wordt in twijfel getrokken door *the long tail theory*. Chris Anderson toont namelijk aan dat de 80-20-regel alleen geldt voor niche-markten die niet volledig zijn benut.

Dankzij NITC (nieuwe informatie- en communicatie-technologie) kunnen we vandaag de dag de productie-schaal verkleinen, goederen differentiëren en nieuwe informatietechnologieën gebruiken om te profiteren van gunstige opslagkosten. Bovendien wordt dankzij zoekmachines de keuze van de consument vergemakkelijkt en kan hij dankzij het productaanbod vinden wat hij zoekt. Al deze weinig gevraagde producten op een niet-digitale markt worden op internet – en dus op wereldschaal – producten die door een gering aantal klanten worden gekocht. Deze producten kunnen dan even gunstig zijn voor de omzet als de populaire producten en zelfs de 80-20-regel omkeren.

Alvorens een theorie als die van Pareto radicaal te ontkrachten, moet men eerst kunnen aantonen dat alle intrinsieke regels van de theorie niet meer gelden wanneer de context verandert. Volgens Anderson wordt, zodra alle beperkingen van vraag en aanbod zijn opgeheven en de consument toegang heeft tot alle producten, automatisch de lange staart uitgezet.

De werkelijkheid blijkt echter veel complexer: het is niet zo dat de markt de aantrekkelijkheid van de *"long tail"* negeert, maar de doelgroep laat de voordelen ervan niet toe. Dit is het geval voor producten waarvoor de vraag zeer gering is en waarvoor de kosten nauwelijks kunnen worden geoptimaliseerd (logistieke kosten, communicatie, enz.). De 80-20-regel kan alleen worden toegekend voor bepaalde markten en producten, die digitaal zijn. Het zijn vooral de IT-markten die van deze realiteit profiteren.

 ## SAMENGEVAT

De betrokken producten in **the long tail theory** zijn in wezen de producten die gedigitaliseerd kunnen worden, zoals boeken, muziek, films, enz. Zoals gezegd is het voor sommige goederen - bijvoorbeeld levensmiddelen - moeilijk om de inherente voordelen van digitale producten te genieten.

Daarom wordt aangenomen dat bedrijven met een bedrijfsmodel als dat van de *"long tail"* pleiten voor diversificatie en digitalisering van hun producten.

## Productie, opslag en statistische distributiekosten

Het fenomeen van de lange staart gaat ervan uit dat gedigitaliseerde artikelen de winstgevendheid verbeteren door de kosten te verlagen. Verschillende kosten waarmee ondernemers worden geconfronteerd, worden door deze neerwaartse trend beïnvloed. Deze kosten hebben voornamelijk betrekking op productie, opslag en distributie.

- **Productie.** Het bedrijfsmodel van een digitaal bedrijf is gebaseerd op het intensieve gebruik van door gebruikers gegenereerde gegevens. Aangezien de gebruiker als producent van gegevens wordt beschouwd, slagen digitale bedrijven erin zeer hoge rendementspercentages te behalen. De effectieve verwerking en het gebruik van deze gegevens vormen de kern van de digitale toekomst. Veel deskundigen hebben de consument aangewezen als een belangrijk onderdeel van de digitale productieketen. Vroeger konden bedrijven intern of extern produceren door een deel van het productieproces uit te besteden. Nu dient zich een nieuw alternatief aan, namelijk het vrije werk dat door de gebruiker wordt geproduceerd. Dit werk wordt gemaakt door vrijwilligers die inhoud creeren. Een derde mogelijkheid is om gebruikers elkaar te laten helpen zonder tussenkomst van werknemers, door middel van een platform (forum). Op die manier heeft de digitale economie, afgezien van de gegevensverwerking, een "coproductie" of "gezamenlijke productie" met de gebruiker die een gerichte productie en een potentieel hoge rentabiliteit mogelijk maakt. Kortom, de digitale economie neemt gebruikersgegevens, analyseert ze, zet ze om in concrete behoeften en biedt een dienst of product aan dat daarop inspeelt. Merk op dat de persoonsgegevens van gebruikers en het ontbreken van een wetgevingskader voor deze gegevens potentieel tot misbruik kunnen leiden.

- **Centrale voorraad of gedeelde voorraad.** Opslag is nooit onbestaand, maar kan in het kader van de digitale economie aanzienlijk worden verminderd. Amazon heeft bijvoorbeeld een "cybervoorraad" gecreeerd: de producten worden opgeslagen in partnerwinkels terwijl ze online worden aangeboden en verkocht. Met deze strategie is deze reus erin geslaagd zijn producten zonder kosten in miljoenen winkels op te slaan. Een ander interessant voorbeeld is de digitale voorraad die iTunes gebruikt om magazijnkosten, verpakking, personeel, beheer, enz. te verminderen.

- **Gediversifieerde distributie.** Om effectief te profiteren van *the long tail theory*, moet de consument een verscheidenheid aan kanalen worden aangeboden waarlangs hij een product kan verkrijgen. Sommigen kopen liever online, anderen gaan liever naar een winkel. Hoe gevarieerder de distributiekanalen, hoe meer consumenten tevreden zullen zijn en hoe hoger de verkoop zal zijn.

Digitalisering komt zowel de verkoper als de consument ten goede:

- Verkopers hoeven geen gebruik meer te maken van tussenpersonen, zoals vaak het geval is bij grootschalige distributie. Daarom is hun winstmarge hoger.

- De persoon die digitale massaproducten op verschillende niveaus (films, muziek, inhoud, software, enz.) consumeert, beseft ten volle de verschillende distributiekanalen en de diversiteit van virtuele en/of bijzondere producten;

- Vraag en aanbod ontmoeten elkaar in een gunstige context.

## Culturele en economische gevolgen

Gezien de enorme toename van het gebruik van internet zijn veel mensen meer specifiek geïnteresseerd in de gevolgen voor de culturele diversiteit en de amusementsindustrie. Chris Anderson geeft aan dat:

- Als de opslagkosten, die ten dele de opportuniteitskosten beïnvloeden, zeer hoog zijn, is het productaanbod van een onderneming, of meer in het algemeen van een sector, onvermijdelijk beperkt en vormt het slechts een deel van de lange staart, de "kop". Deze topproducten voldoen lang niet aan de aspiraties van alle consumenten en laten weinig ruimte voor diversiteit.

- Als de situatie omgekeerd is, dus wanneer de opslagkosten laag zijn, kan de "staart" van de lange staart door bedrijven worden geëxploiteerd en kunnen zowel degenen die van de populaire producten houden als minderheden en degenen met een minder populaire smaak tevreden worden gesteld.

Aan de hand van verschillende voorbeelden kunnen we deze economische en culturele kwestie in beeld brengen:

- De boekenindustrie,

- Televisieprogramma's,

- De muziekindustrie,

- enz.

Wanneer de opslagkosten relatief laag zijn, kunnen tv-zenders, de boekenindustrie, de muziekindustrie, enz. de consument dus een veel ruimere keuze bieden en daardoor meer winst maken.

Sommigen concluderen dat het internet de markt voor culturele producten begunstigt en dat het tijdperk van de "mainstream" (d.w.z. "aanvaard door het grootste aantal" of "niet origineel") voorbij is, aangezien de fysieke beperkingen die door de opslagkosten worden opgelegd, door de digitalisering dreigen te verdwijnen.

## Verwijzingsstrategie en de lange staart

Met *the long tail theory* kunnen we *referencing* en *Search Engine Optimisation* (SEO) bijzonder goed illustreren.

 **WAT IS VERWIJZEN?**

Refereren is het kiezen van de termen die met producten worden geassocieerd. Het wordt besproken in twee verschillende contexten:

<u>Bij grootschalige distributie.</u> De producten krijgen een referentienummer voor eenvoudige identificatie en voorraadbeheer (inkoop, opslag en uitvoer). Deze referentienummers zijn doorgaans te vinden in catalogi en op schappen om de voorraad te kunnen bijhouden, meestal via een geautomatiseerd systeem. Bovendien

draagt verwijzing bij grootschalige distributie ook bij tot een coherentere inhoud en maakt het de omzetting naar onlineverkoop gemakkelijker wanneer dit nog niet het geval is.

<u>Op het internet (Search Engine Optimisation).</u> Optimale SEO heeft tot doel de zichtbaarheid en de positionering van bepaalde sites op het web te verbeteren. Dit werk, dat constante aandacht vereist, is gebaseerd op het spectrum van trefwoorden die gebruikers in een zoekmachine (Google, Yahoo, enz.) kunnen invoeren om te vinden wat zij zoeken.

Wanneer het concept van de lange staart wordt toegepast op het beleid inzake webverwijzingen, gaat het om het verzamelen van alle trefwoorden die naar bepaalde informatie of thema's kunnen leiden, meestal voor de hand liggende en populaire termen, en hun minder populaire, minder concurrerende en meer marginale synoniemen. Afzonderlijk genereren deze trefwoorden weinig verkeer, maar hun som draagt meer bij dan de meest effectieve termen.

Daarom is het belangrijk om met deze opmerkingen rekening te houden bij het ontwikkelen van een strategie voor zoekmachineoptimalisatie. Afhankelijk van de producten die u onder de aandacht wilt brengen, en dus de trefwoorden die u daaraan moet koppelen, zult u voor verschillende uitdagingen komen te staan.

- **Het is gemakkelijk om je goed te positioneren in minder populaire zoekopdrachten.** Aan de ene kant is het over het algemeen snel en gemakkelijk om u te positioneren in minder populaire zoekopdrachten, omdat de gebruiker die naar iets specifieks zoekt, goed wordt doorverwezen naar de sites die waarschijnlijk aan zijn verzoek zullen voldoen. Dit voedt effectief de 'staart' van uw *long tail*.

- **Het is moeilijk om je correct te positioneren in concurrerende zoekopdrachten.** Aan de andere kant is het moeilijk, tijdrovend en duur om u correct te positioneren in concurrerende zoekopdrachten, omdat dergelijke zoekopdrachten niet gericht zijn en allerlei onzekere bezoekers kunnen aantrekken, waardoor u geen geschikt product kunt aanbieden en u zich niet correct kunt positioneren (door middel van kwalitatieve gepersonaliseerde service). Dan is de kans groot dat degenen die iets specifieks zoeken uw site snel verlaten, omdat ze niet kunnen vinden wat ze zoeken. Met deze strategie kunt u echter uw bestsellers, de 'kop' van de *long tail*, beter positioneren.

# PRAKTISCHE TOEPASSING

## ADVIES EN TIPS

### Regel nr. 1 – Een uitgebreide catalogus van digitale producten

Om aan de meest gemarginaliseerde behoeften te voldoen en zoveel mogelijk consumenten te bereiken, moet u idealiter een gevarieerde catalogus van digitale producten kunnen aanbieden.

### Regel nr. 2 – Productie, opslag en digitale distributie

- **Gezamenlijke productie** houdt in dat een deel van het werk door klanten wordt gedaan. Het efficiënte gebruik van door gebruikers verstrekte gegevens vormt de kern van de problemen met de digitale economie.

- Het digitale product moet niet in evenveel exemplaren worden vervaardigd als wanneer het fysiek wordt **gedistribueerd**, hetgeen door de ondernemer als een voordeel moet worden beschouwd.

- Digitale **opslag** vermindert het gros van de kosten waarmee de ondernemer bij fysieke distributie te maken krijgt.

### Regel nr. 3 – Zichtbare en toegankelijke producten

Momenteel wordt het internetgebruik veralgemeend, zowel privé als professioneel, en raken de gebruikers meer en meer gewend aan het gebruik van zoekmachines, wat betekent dat zij hun trefwoorden methodisch selecteren om de informatie te vinden die zij zoeken.

- **Het belang van trefwoorden.** Het is belangrijk zorgvuldig en doordacht sleutelwoorden te kiezen, zowel sleutelwoorden die de 'kop' van de *long tail* zullen voeden als secundaire sleutelwoorden die de 'staart' zullen voeden. Het proces is lang, maar effectief en winstgevend.

- **Het belang van inhoud.** Niet alleen het aantal secundaire trefwoorden zal het verkeer naar uw website beïnvloeden, maar ook, en waarschijnlijk nog belangrijker, uw inhoud. In feite zullen specifieke sleutelwoorden zonder concrete informatie slechts beperkt verkeer naar uw websitepagina's genereren.

- **Rekening houden met de verborgen kosten.** U moet voorzichtig blijven, want het digitale tijdperk kent soms verborgen kosten. Volgens een Europese studie van Sungard (wereldwijde leverancier van IT-oplossingen in Frankrijk) onder 150 professionals bedragen de onderhoudskosten, licenties, software en onvoorziene kosten van een bedrijf gemiddeld 597 700 euro per jaar.

Het zorgvuldig vaststellen van een spectrum van lexicale zoekopdrachten en het presenteren van kwalitatieve tekstuele inhoud zijn dus noodzakelijk geworden voor iedereen die klanten wil aantrekken.

# 👁 ADVIES EN AANBEVELINGEN

Om een winstgevende *long tail*-strategie te ontwikkelen, moet u zich met succes positioneren tussen een groot aantal kleine gerichte zoekopdrachten. Door dit te doen, zal het verkeer naar uw site toenemen. Houd de volgende tips in gedachten:

- Doordachte en concrete zoektermen verzamelen om te proberen aan alle toekomstige eisen van de gebruikers te voldoen;

- Zodra de termen zijn geïdentificeerd, neemt u ze op in de tekstinhoud van uw toekomstige site;

- Uw tekstinhoud moet van hoge kwaliteit zijn: het heeft geen zin inhoud aan uw site toe te voegen omwille van het toevoegen van inhoud;

- U moet de gebruikers waardevolle informatie bieden, anders zullen zij uw pagina of site onmiddellijk verlaten;

- Kies een titel die de aandacht van de lezer trekt en hem motiveert uw site te bezoeken;

- Een hiërarchie aanbrengen in uw titels en paragrafen;

- Plaats voldoende sleutelwoorden in uw tekst;

- Selecteer zorgvuldig de links naar andere sites en geef de voorkeur aan kwaliteitslinks om het imago van uw site te behouden;

- Een 'expert' worden (afhankelijk van het aantal bezoekers van uw site) in het schrijven van inhoud met Google.

##  Extra informatie

Generieke trefwoorden (algemene betekenissen die een reeks meer specifieke woorden omvatten) zijn concurrerend en bestaan uit ongeveer twee woorden. Iemand die bijvoorbeeld een site voor synoniemen zoekt, zal "synoniem + [het woord waarnaar hij op zoek is]" invoeren. Deze zoekopdracht toont alleen de meest gebruikte sites.

Secundaire trefwoorden daarentegen zijn minder populair, maar wel specifieker. Dit kan bijvoorbeeld een uitdrukking zijn (drie tot vijf woorden of meer) die een meer gerichte zoekopdracht van de gebruiker weerspiegelt, op zoek naar specifieke inhoud.

## CASUS – ONLINE BOEKHANDEL

### Context

Een boekhandel "Y" besluit dat het, gezien de concurrentie op de boekenmarkt en de kosten voor opslag en productie, voordeliger is om een website te creëren waarop digitale boeken online worden verkocht. Zich bewust van de reeds aanwezige concurrentie op het web, zal hij ervoor zorgen dat de website zichtbaar wordt door een optimale SEO-strategie toe te passen. Dit houdt in dat ze de sleutelwoorden definiëren die ze met de site willen associëren. Met andere woorden, zij zullen de sleutelwoorden definiëren die de gebruiker waarschijnlijk in een zoekmachine zal invoeren en die – zo direct mogelijk – naar de boekensite van "Y" zullen leiden.

## Een gediversifieerd productassortiment hebben

Om het hoofd te bieden aan de toegenomen concurrentie bij de onlineverkoop van boeken (Amazon, Fnac, Numilog, enz.) heeft de boekhandel geen andere keuze dan te diversifiëren of zich op een bepaald publiek te richten. Daarom besluit de verkoper digitale strips, zowel bestsellers als meer specifieke strips, in zijn onlinewinkel aan te bieden.

## Minimalisering van de vaste kosten

Door strips online aan te bieden, bespaart "Y" op vaste kosten (opslag, productie en distributie – concepten die in het hoofdstuk "Theorie" zijn onderzocht). Toch moeten zij rekening houden met de verborgen kosten van onlineverkoop op het gebied van:

- Conversiekosten of digitalisering van bestanden;

- Kosten voor digitale opslag;

- Kosten voor beveiliging van het terrein;

- Juridische kosten in verband met de aanpassing van publicatiecontracten.

Andere kosten komen later, zoals onderhoud van de website, updates, enz.

## Zichtbaarheid

De boekhandelaar moet zijn trefwoorden zorgvuldig kiezen, rekening houdend met het feit dat, hoe algemener ze zijn (zoals 'boeken' of 'verkoop' of trefwoorden die mensen willen zien, zoals 'bestseller'), hoe groter de kans is dat ze verloren gaan in de stroom van informatie. Deze generieke trefwoorden vertegenwoordigen slechts ongeveer 20% van het totale verkeer dat door zoekmachines wordt gegenereerd. Als ze echter wat gerichter worden geselecteerd (volgens de activiteit van de verkoper), zullen ze direct meer dan 20% vertegenwoordigen. Om de boekhandel te onderscheiden van de grote bedrijven die online boeken verkopen, moeten zij sleutelwoorden selecteren die specifiek zijn voor de inhoud van de site en zich in de positie plaatsen van internetgebruikers die specifieke informatie zoeken.

Naast de keuze van trefwoorden zal de boekhandel ook de tekstuele inhoud van de site moeten optimaliseren om deze aantrekkelijk, interessant, relevant en gedetailleerd te maken. Daarbij zal hij de "staart" van de *long tail* (van de sector) voeden. Zij zullen bijvoorbeeld een homepage kiezen die specifieke tekstinhoud bevat om aan te sluiten bij specifieke gebruikers van zoekmachines. Merk op dat sommige delen van deze inhoud in eerste instantie niet in aanmerking zullen worden genomen door de mensen die de sleutelwoorden gebruiken en dat dit slechts "steriel" verkeer zal genereren. Aan de andere kant is de kans groot dat sommige woorden die door de boekhandelaar niet als trefwoorden werden beschouwd, zullen verschijnen.

De boekhandelaar zal verschillende stappen moeten doorlopen, voordat hij een digitaal product kan aanbieden, zoals

1. Informatie op een zichtbare en consistente manier structureren om de aandacht van de bezoeker te trekken;

2. De sleutelwoorden selecteren waarrond zij zich willen positioneren (synoniemen, uitdrukkingen, enz.). Zij kunnen zelfs kiezen voor een prospectief onderzoek door een opleiding in zoekmachines te volgen om de concurrentie op de stripmarkt te vinden;

3. Kwalitatieve tekstinhoud creëren waar geselecteerde sleutelwoorden en zinnen zullen verschijnen.

Ondertussen moet het aan de bezoekers aangeboden product voldoende gediversifieerd zijn om een divers publiek te kunnen bereiken.

# IMPACT

## BEPERKINGEN EN KRITIEK

Hoewel de analyse van de culturele sector door Chris Anderson werd toegejuicht en gepromoot door degenen die, net als hij, een gunstige en aantrekkelijke uitkomst voor de sector voelden, zouden de waarheid van de feiten en de verschillende analyses de geldigheid ervan en de gevolgen voor de structuur van de markt tegenspreken of althans in een context plaatsen.

### Zelfs met het internet genereert de lange staart niet meer verkoop dan vroeger.

Will Page, de directeur van Spotify, analyseerde de online muziekverkoop. Hij stelde vast dat van de 13 miljoen beschikbare titels er 10 miljoen geen verkoop genereren: 8% van de verkoop kwam van 40 titels en 3% van het totaal aantal verkochte titels genereerde 80% van de omzet. Volgens hem, en in het licht van zijn analyse, is de 'bestseller economie' nog niet voorbij.

### Inkomsten uit bestsellers blijven ruim boven die van de "staart" van de lange staart

Pierre-Jean Benghozi en Françoise Benhamou, Franse economen, hebben zich ook over deze kwestie gebogen. Zij hebben de onlineverkoop van cd's en dvd's geanalyseerd. Uit deze studie blijkt dat er een *long tail*-effect optreedt, maar dit is zo langzaam dat het nauwelijks in staat lijkt om de marktstructuur die iedereen kent aan het wankelen te brengen. In feite vertegenwoordigt minder dan 10% van de muziekproducten meer dan 90% van de verkoop en zijn de tien meest gecommercialiseerde titels in staat hun aandeel in de totale inkomsten te vergroten.

De belangrijkste kritiek komt echter van Anita Elberse (hoogleraar economie aan Harvard, geboren in 1973) die, na tien jaar onderzoek en analyse van culturele en entertainmentmarkten, het tegendeel heeft weten aan te tonen. Volgens haar heeft het internet geen revolutie teweeggebracht in de relatie tussen individuen en culturele diversiteit. Integendeel, zij stelt dat de bestsellers meer dan ooit tevoren de markt dicteren. Het is dus de 'kop' en niet de 'staart' die in het internettijdperk de meeste macht heeft. In haar boek *Blockbuster* (2013) illustreert Dr. Elberse haar stellingen aan de hand van de filmindustrie en legt ze verder uit dat, als financiële investeringen in bestsellers zo enorm zijn (en dus risicovol), dat alleen is om zich te beschermen tegen de inherente risico's van zo'n onzekere markt. Dit lijkt enigszins moeilijk te geloven.

 ## DE FILMINDUSTRIE

De ene film kost 10 miljoen dollar om te produceren, terwijl een andere 100 miljoen dollar kost. De prijs die de consument zal betalen zal precies hetzelfde zijn, ongeacht de productiekosten van de speelfilm. Het zal niet meer of minder duur zijn om de film in de bioscoop te zien dan om de DVD te kopen. De film met de goedkoopste productiekosten (10 miljoen dollar) zou dus logischerwijs het meeste rendement moeten opleveren. Bovendien kan de productiestudio het zich veroorloven om met een budget van 100 miljoen dollar tien films te produceren in plaats van één. Hoe is het denkbaar dat deze situatie in het voordeel van *blockbusters* kan omslaan?

Anita Elberse versterkt dit idee door het geval van Warner Bros. uit te werken, die praktisch alleen *blockbusters* produceert (*Harry Potter*, *Sherlock Holmes*, enz.) en voor wie "geen risico's nemen" een risico is. Door zijn strategie te baseren op grote producties werd dit de eerste filmstudio die gedurende 11 jaar op rij meer dan één miljard dollar in de Amerikaanse *box office* haalde.

Om de tegenovergestelde strategie voor te stellen, richt de deskundige zich op het geval van het netwerk NBC Universal, destijds geleid door Jeff Zucker (geboren in 1965) en Ben Silverman (geboren in 1970). Aangezien zij hun winst wilden maximaliseren via een strategie om de kosten en de risico's te beperken, ging hun bedrijf snel failliet. Door zich af te keren van grote producties met wereldcinemaspelers of -producenten tegen kolossale prijzen, terwijl ze probeerden de inkomstenketen veilig te stellen, begon NBC aan de zijlijn te staan. Dit gebrek aan ambitie en financiering, evenals het gebrek aan het nemen van risico's, leidde tot de desinteresse van professionals uit de industrie en een daling van hun *ranking*, van de eerste positie naar de vierde.

Vervolgens breidt de auteur haar denken uit naar andere gebieden en probeert aan te tonen dat het verschijnsel zich herhaalt. Volgens haar bestaat er geen twijfel over: het zijn de bestsellers die winst genereren en het grootste deel van de financiële winstgevendheid van de verkoop voor hun rekening nemen. Tegenwoordig beginnen zelfs bedrijven die *the long tail theory* volgen, zich over te geven aan de onvergelijkbare logica van de kaskrakers, dit is het geval met Netflix en Amazon. Gezien de indrukwekkende verkoopcijfers van hun concurrenten die deze strategie hebben gevolgd, heroriënteren velen hun analyse.

## VERWANTE MODELLEN EN UITBREIDINGEN

Dit hoofdstuk bevat drie modellen die verband houden met *the long tail theory*. Na ze verschillende keren genoemd te hebben in verband met *the long tail theory*, wordt het Paretoprincipe verder uitgewerkt, evenals het ABC-model, dat er een mogelijk antwoord op is.

Het spreekt voor zich dat alle distributiemodellen niet tot deze drie modellen kunnen worden herleid en dat er andere modellen bestaan.

### Het Paretoprincipe

Het bekendste verwante model is het Paretoprincipe, ook wel de 80-20-regel genoemd. Net als de *the long tail theory* wordt het Paretoprincipe gebruikt als ontwikkelingsinstrument voor verkoop- en marketingstrategieën, maar ook als statistisch instrument. In deze context zullen wij ons concentreren op het eerste gebruik.

Volgens het Paretoprincipe is "80% van de effecten het product van 20% van de oorzaken", wat in zakelijke taal kan worden vertaald als "20% van de producten genereert 80% van de omzet" of "20% van de klanten genereert 80% van de omzet". Ondanks zijn universele karakter is dit principe niet op alle gebieden wetenschappelijk bewezen. Sommigen menen bijvoorbeeld dat slechts 20% van de klanten 80% van de omzet genereert. Naast deze bezorgdheid over de nauwkeurigheid moet de 80-20-regel worden aangepast aan de sector en de afdeling van het bedrijf waarop hij wordt toegepast.

Bovendien geeft dit beginsel aanleiding tot bezorgdheid over de efficiëntie. Als 80% van de producten – de minst verkochte – enige inkomsten oplevert, vermoedelijk 20%, zou dit kunnen toenemen als de opportuniteitskosten sterk worden verlaagd. Dit is wat Chris Anderson blootlegt in *the long tail theory*.

## Het ABC-model

Het ABC-model biedt een extra perspectief. Deze theorie gaat ervan uit dat het Paretoprincipe de tussenliggende lagen negeert en dat het daarom moeilijk is hun belang te beoordelen.

Het ABC-model deelt de effecten in drie categorieën in.
Zo worden ook de minder rendabele lagen in aanmerking genomen.

* Categorie A: 20% van de klanten genereert 80% van de omzet.

* Categorie B: 30% van de klanten genereert 15% van de omzet.

* Categorie C: 50% van de klanten genereert 5% van de omzet.

### *Blockbuster*-strategie

Dit is het geval van Anita Elberse, volgens wie *blockbusters* de oorzaak zijn van het grootste deel van de omzet op de cultuur- en entertainmentmarkt.

## CONCLUSIE

Het model van Chris Anderson wordt voorgesteld als een aanvulling op het Paretoprincipe en het ABC-model. Bij toepassing op een specifieke markt ontwikkelt de lange staart in feite een theorie die parallel loopt aan deze twee modellen, zonder ze in diskrediet te brengen.

De theorie van Anita Elberse daarentegen bekritiseert *the long tail theory* en trekt de relevantie ervan in twijfel.

# SAMENVATTING

- *The long tail theory* is een statistisch en economisch model dat in 2004 door Chris Anderson is gecreëerd en geïntroduceerd in de context van de digitale sector.

- Dit model wordt mogelijk gemaakt door technologische ontwikkelingen en is haalbaar in de context van de verkoop van digitale goederen of diensten, omdat de kosten van productie, opslag en distributie laag of onbestaand zijn.

- Als aanvulling op het Paretoprincipe gaat *the long tail theory* ervan uit dat in deze specifieke sector de populairste producten niet noodzakelijkerwijs de producten zijn die de grootste omzet genereren.

- Volgens Chris Anderson biedt het exploiteren van de "staart" van de lange staart de mogelijkheid tot winstgevendheid op lange termijn.

- Dr. Anita Elberse hekelt het model van Chris Anderson. Na 10 jaar onderzoek beweert zij dat zelfs in het internettijdperk *blockbusters* de culturele en entertainmentmarkt dicteren.

- Naast de theorie van de lange staart zijn er andere modellen die andere distributiesystemen weergeven, zoals met name het Paretoprincipe en het ABC-model.

- *The long tail theory* kan worden toegepast als onderdeel van een SEO-strategie op het internet. Advies: door u te positioneren in minder concurrerende en meer specifieke markten kunt u profiteren van de positieve effecten van *long tail*-SEO.

# VERDER LEZEN

## BIBLIOGRAFIE


Anderson, C. (2012) *The Long Tail: Why the Future of Business Is Selling Less of More*. Parijs: Flammarion.

Andrieu, O. (2008) Pourquoi la notion de " Longue Traîne " est-elle nécessaire dans une stratégie de référencement? *Abondance*. [Online]. [Geraadpleegd op 21 april 2015]. Beschikbaar op: < http://docs.abondance.com/question123.html>

Avenier, M. (2014) La longue traîne une stratégie de référencement. *Le guide*. [Online]. [Geraadpleegd op 21 april 2015]. Beschikbaar op: < http://www.abime-concept.com/blog/2014/03/27/la-longue-traine-une-strategie-du-referencement/>

Benghozi, J-P. en Benhamou, F. (2008) Longue traîne : levier numérique de la diversité culturelle. *Cultuur in spe*. [Online]. [Geraadpleegd op 21 april 2015]. Beschikbaar op: < http://www2.culture.gouv.fr/deps/fr/traine.pdf>

Bloquet-Prevost, C. en Manneval, M. (2014) Exploitation des données fournies par les utilisateurs : l'enjeu de l'économie numérique. *Revue Sorbonne*. [Online]. [Accessed 21 April 2015]. Beschikbaar op: < http://www.univ-paris1.fr/fileadmin/diplome_M2OFIS/OFIS_2013-2014/Articles/article_Revue_OFIS_mars_2014_Bloquet-Prevost_Manneval.pdf>

Cassini, S. (2015) Les coûts cachés du cloud. *Les Échos*. [Online]. [Geraadpleegd op 21 april 2015]. Available from:

< http://www.lesechos.fr/journal20150331/lec2_high_
tech_et_medias/0204266382278-les-couts-caches-
du-cloud-1106920.ph>

Delers, A. (2014) *Het principe van Pareto*. Brussel: Uitgeverij
Lemaitre.

InfoWebMasterRéférencement. (2008) *Longue traîne*. [Online].
[Geraadpleegd op 21 april 2015]. Beschikbaar op: < http://
www.infowebmaster.fr/40,news-referencement-lon-
gue-traine.html>

Jimdo. (2013) *5 tips voor optimale teksten voor Google*. [Online].
[Geraadpleegd op 21 april 2015]. Beschikbaar op: < http://
fr.jimdo.com/2013/12/27/5-conseils-pour-r%C3%A9di-
ger-des-textes-optimis%C3%A9s-pour-google/>

Lacomblet, D. (2014) Internet. La longue traîne n'a-t-elle pas
toujours été qu'une utopie? *Slate Reader*. [Online].
[Geraadpleegd op 21 april 2015]. Beschikbaar op: < http://
www.slate.fr/tribune/84585/longue-traine-blockbus-
ters>

Le Cam, N. (2013) La longue traîne, l'atout de votre SEO.
*LunaWeb*. [Online]. [Accessed 21 April 2015]. Beschikbaar
op: < http://blog.lunaweb.fr/seo-longue-traine/>

Mataf.net. (Geen datum) *Définition coût d'opportunité*.
[Online]. [Geraadpleegd op 21 april 2015]. Beschikbaar op:
< https://www.mataf.net/fr/edu/glossaire/cout-d-op-
portunite>

Wifeo. (Geen datum) *Qu'est-ce que la longue traîne (of lange
staart)*. [Online]. [Geraadpleegd op 21 april 2015].
Beschikbaar op: < http://www.wifeo.com/documenta-
tion-77.html>

# AANVULLENDE BRONNEN

Afuah, A. (2014) *Business Model Innovatie: Concept, analyse en cases.* New York: Routledge.

Elberse, A. (2013) *Blockbusters.* New York: Henry Holt books.

Chris Andersen's blog. http://www.longtail.com/

*We horen graag van u! Laat
een reactie achter op jouw online bibliotheek
en deel je favoriete boeken op sociale media*

Master ISBN: 9782808063999
Papier ISBN: 9782808064286
Wettelijk depot: D/2022/12603/73

Digitaal ontwerp: Primento,
de digitale partner van uitgevers.